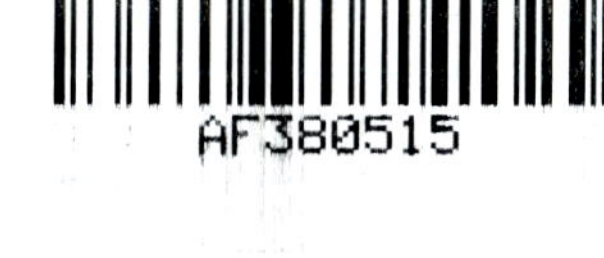
AF380515